기억의 그늘

교원사의 시· 기억의 그늘

편낸날 / 2009년 8월 28일
지은이 / 이장영
펴낸이 / 이종석
펴낸곳 / 도서출판 교원사
출력 및 인쇄 / 주신그래픽스 (02) 2276_0210
등록번호: 130-91-06962
주소 / (110-615) 서울 광화문 우체국 사서함 1506호
(158-853) 서울시 양천구 신정2동 333
전화 / 070_7779_7120 / 팩스 (02) 2643_7127
E-mail krolow0@daum.net

ISBN 89-951764-8-1

값 7,000원

기억의 그늘

이장영

도서출판 교원사

서 문

작은 열매를 맺으며

시로 데뷔한 지 10년이라는 긴 시간이 흘렀다. 그 시간동안 뭘 했는지 내 자신에게 자문해 보지만 쉽게 입이 떨어지지 않는다. 내 마음 속에는 많은 시집을 내기보다는 정말 내가 죽은 뒤에도 남을 딱 한 권의 시집만 내겠다는 오기가 있었다. 하지만 지나고 보니깐 그것이 나의 헛된 교만이었음을 고백하지 않을 수 없다. 또한 그 이면에는 나의 느긋함과 게으름이 한몫했음을 부인하지 않을 수 없다. 좋은 시를 쓰겠다는 마음은 있었지만 그에 맞는 빛나는 성취를 이루지는 못했던 것 같다. 입으로는 자신이 시인이라고 남들에게 말하고 다녔지만 시인으로서 부끄럽지 않은 삶을 살았는지도 모르겠다. 오직 시를 위해 사는 얼마 되지 않는 진정한 시인들 앞에서는 절로 고개가 숙여진다. 아직도 많은 시인들이 배고픈 시를 쓰며 이 땅에 살고 있다. 다른 곳에 기웃거리지 않고 자신의 존재감을 글로써 표출해 내는 그들을 볼 때마다 그들에게 한없는 경이를 표하고 싶다. 시를 쓴다는 것은 정말 배고픈 일이다. 나는 이미 부모님에게서 그 모습을 보아왔고 그만큼 삶이 고달프다는 것도 잘 알고 있었다. 하지만 피 속에 흐르는 그 보이지 않는 힘을 거부할 수는 없었다.

십년이라는 세월 동안 많은 일들이 내게 일어났었다. 나는 언제나 역사의 한 가운데 있었고, 그것을 피하려고 하지 않았다. 내 시 속에는 삶의 모든 영역이 다 들어있다. 문학은 사회의 반영물이라고 생각한다. 시인은 자신이 보고 느끼는 것을 거침없이 드러내야 한다고 생각한다. 그 어떤 것도 시인의 생각과 표현을 제한할 수는 없다. 나는 내 시를 어떤 유파의 한 분류로 나누는 것을 원치 않는다. 나의 미흡한 시는 여전히 진행형이며 실험 중이다. 그 과정 중에는 나의 삶도 올곧게 녹아있다. 결코 평범하다고는 할 수 없는 내 삶의 경험에서 얻어진 고뇌와 내게 평안을 가져다 준 신에 대한 경배가 시 속에 모두 담겨져 있다.

언제나 나를 지켜보고 아낌없는 응원을 해준 모든 분께 이 시집을 바치고 싶다. 많은 얼굴과 이름들이 생각나지만 나중에 따로 인사를 드리고 싶다.

그러나 현재 힘든 상황 속에서 어렵게 삶을 이어나가는 이들에게 이 시집이 작은 희망이 되었으면 하는 작은 바람이 있다.

2009년 7월

李張永

기억의 그늘

차 례

제1부 꽃의 비밀

분꽃

말없이 들어 올리는
저녁의 인사여!

요란하지도 않게
낮은 마을의 평화로움을 내게 선사하는구나

때론 새색시의 분홍입술로
때론 갓 태어난
병아리의 노란 숨결로
내 모든 시간을 물들여 가는구나

그러던 어느 한 순간
너는 그렇게 조용히 바라만 보고 있었네
거칠기만 했던 내 시간의 골들을

비 온 후엔

비 온 후엔
저 하늘이 얼마나 파랗던가
떨어지는 낙엽마저 선명하지 않던가
비 온 후엔

무수한 세월 동안
내 안에 켜켜히 쌓여둔
응어리마저 씻어 내야지
비 온 후엔

그리고,
저 어두운 심연에서
날아다니는 고단한 먼지조차
말갛게 닦아내야지

비 온 후엔

나의 빛, 나의 사랑

나는 당신이 허락하신
빛 속으로
들어가지 못하고
멀리서 바라만 보고 있습니다

근원을 알 수 없는
그 곳에서 불어오는 바람은
끝간 데 모를 곳으로
나를 한없이 떠밀어 가고

나는 점점
당신의 빛으로부터
멀어져만 갑니다

당신에게 다가가
부드러운 말로 귓가에
속삭이고 싶지만

나는 쉽사리 나의 사랑을
이루지 못합니다

차마, 내가 가진 모든 것들이
화들짝 놀라 달아날까 봐
이 깊은 어두움만큼이나
나의 그리움은 깊어만 가는데

왕국王國의 시간

잠에서 깬 나는 하릴없이
은사시나무 잎새에서 뒤척이는
낮의 시간을 헤아린다
그는 유리조각처럼 부서져 내리는
빛의 시간을 본다
결국 우리는 서로 다른 시간을 보고 있다

그는 이미 자신의 시간을 지배하고 있다
나는 그의 시간을 좇아간다
그는 이미 자신의 왕국을 건설했고,
나는 아직 나의 왕국의 기둥조차

세우지 못했다

사막에서 불어온 바람은
나의 시간마저 모래처럼 소멸시킨다

나의 시간은 모래가 되고,
바람이 되고, 알바트로스가 된다

나의 왕국은 꿈에서만 가능하다
꿈에서만, 암흑이 커다란 동굴처럼 입을 벌린
꿈에서만

부여의 사랑

내가 너의 꽃잎 속에서
왔는지 누가 알까?

황사바람이
휘몰아치는 사월에
나는 너의 이름을
기억하고 있다

내 방안을
들여다보는
하얀 목련처럼
너는 눈부시게 밤에 피어나
내 꿈 속에 내린다

나의 잠 속에 목련처럼
너를 맞이하고
우리가 함께 했던
부여의 시간을 간직하리라

영원히 잠드는
백마강처럼

소금꽃

바람이 잠들고
햇볕이 깊은 날
소금은 고요히 온다

고요한 빛을 뿌리며
하이얀 꽃을 머금고
고요히 온다

그렇게
그렇게
내게로
온다

은수원사시나무

이제는 사라진
신정동 뚝방 밑 그 집에는
은수원사시나무 한 그루
심어져 있었다

여름이면 등나무 넝쿨이
우거져 그늘을 드리우던
먼 기억 속의 집

나무의 뿌리는 아직도
내게 남겨진 시간을 갈망한다

여린 잠결 속으로
새들이 날아와 지저귀던
그 곳에는
내 어린 영혼이 숨을 쉬던
은수원사시나무 한 그루
심어져 있었다

꽃의 비밀

너희들의 투명한 눈 속에
빛이 있기를
얼마나 간절히 바랐던가

시간의 물결 속에 잠드는
세월의 무게처럼
하늘을 맴돌다 가라앉는 눈동자여

겨울이 자리한 문틈을 비집고
맑은 물처럼 고요한
유리 거울을 헤엄치는
낮 동안의 기쁨이여

하지만 자라나는 나이테처럼
키가 크는 너희들에겐
비밀이 하나씩 늘어만 가고
나를 바라보던 시원한 눈망울 속에는
서늘한 그림자가 어린다

얼굴을 마주 대하는 편안한 사랑
해바라기의 타오르는 기억도

사그라드는 저녁 등불에 묻혀
발길을 돌리는구나

깃털 같은 삶

한 때는 시간의 무덤 속에
몸을 묻고 하늘을 나는 깃털처럼 가볍게
바다에 잠기고 싶었다
인적이 드문 바닷가
사람이 떠난 허물어진 기와집
바다갈매기들의 울음은 바다를 떠도는
어린 혼魂을 여리게 하고
잠시도 가만두지 않는다
하루를 채웠던 공허한 시간과
가진 모든 것들을 풀풀 털어서
가벼워질 수 있다면
근거 없이 시작되는 이 지독한 열병을
치유할 수 있을 텐데

하늘에 피는 꽃

– 어머니를 추모하며

내가 이나마 나일 수 있는 건
어머니가 내게 준
깊은 사랑 때문이다
어둠을 밝히며 새벽을 여는
부드러운 빛
그것이 어머니의 미소다
영원히 사라지지 않을

세속 도시의 번잡함에
물들지 않은, 그래서
가 닿을 수 없는 그 곳에는
가볍고도 가벼운
꽃이 핀다
어머니의 향기로운 꽃이 핀다

심연에서 불어온 바람은
여전히 나를 건드리고 사라지며
말한다. 어머니가 건네준 말을,
때로는 강하게, 때로는 부드럽게……
"용서해라, 원수를 사랑해라."

육체는 없는
질기고도 강한 정신만 남아있는 그물,
비바람이 몰아쳐도
가벼이 출렁일 뿐
언제나 그 모습 그대로인
당신은 여전히 살아 있는 꽃입니다

한강의 예수

어디서 와서
어디로 가시는 빛입니까
쉼 없이 흔들리는
당신의 모습은
도시를 가로지르는
한강의 물길이 되어 떠갑니다
강 양편으로는
불빛이 깜박거리고
하늘의 별도
당신을 따라 흐릅니다
흘러가는 물 속에
몸을 숨기신 이여
나도 그 곳에 발을 들여놓고
당신이 흘러가는 그 곳으로
떠가고 싶습니다
마음 속에 남겨진
한 줌의 그리움과
먼지로 흩어진 당신의 눈물을
기억하며

골목길

울퉁불퉁한 그 길을 들어서면
아주 편안한
아늑함을 느꼈지

학교에서 돌아온
아이들은 책가방을 팽개치고
골목길로 뛰어나와
구슬치기, 딱지치기를 하며
낭랑한 목소리로 떠들어댔지

지금은 재개발로 사라진
변두리의 긴 뱀의 허리처럼 휘어진 그 골목길
동네 아낙들이 수다 떨던
그 길 위로 푸짐한 햇살이 떨어졌지

봉선화가 핀 골목 귀퉁이
눈감은 얼굴 위로
스멀스멀 기어가며
부드럽게 간질이던
정오의 햇살

지금도 기억 속에
새겨진 그 날의 따스한 빛들은
여전히
내 뺨 위로 떨어진다

네 미쁜 사랑이여…

사랑한다
사랑한다
날 사랑하는 그 모든 것들을
아니 날 미워하는 비루한 그 모든 것조차

나에게 보내는
나비의 떨림처럼
그 가녀린 몸짓일지라도
난 널 사랑할 수 있다

이 깊은 밤
내가 너에게 보내는
이 신호는
아무도 알 수 없는 것

다만
네 맘으로만 진정
느낄 수 있다면
그게 사랑이겠지……

가엾은 이름없는 것들이여……

네 존재를 알아주지 않는다 하여도
기꺼이
너를 내게 맡길 준비가
되어있다면
나는 너에게 신호를
보내겠다

천천히
아주
천천히
바람이 바다를 건너오듯
그렇게 말이다

3월에 내리는 눈

이렇게 내리는 그대는
나를 적시는
봄의 축복인가요

하지만 너무 풍성하네요
제가 감당하기에는

겨우내 그대의
차가운 입술을 기다렸건만
간간이 엷은 숨결로
내 뺨을 간지럽혔을 뿐
흔적조차 내게 주지 않더니

때늦게 내리는
그대의 하이얀 입김은
온 도시를 뒤덮고
온 산천을 뒤덮고
끝내 내 마음을 덮어

그대의 눈길로
온 세상이 깨끗해질런지

다시 한 번
새로운 세계가
봄처럼 다가올런지

그대가 사뿐히
내리는 그런 밤이네요

새벽을 가르며

무의식 속에 흐르는
속 깊은 강물은
피아노 건반에 튕겨지는 소리에
부딪쳐 시간의 포말로 부서진다

부드러운 온기로
손을 내미는 어린 눈 속에
한 마리 표범이 배회하며
눈동자 속에 스민
푸른 우울을 노려본다

그 우울 속에서 걸어 나온
한 사내가
도시의 새벽길을
자전거 페달을 힘차게 밟으며 달려간다

집 나온 고양이들이 배회하고,
은행을 줍는 이들의 시간이
교차하는 그 곳에서
새벽의 눈동자가 서서히 열린다

왕王의 식탁

왕王의 식탁에 앉기를 갈망하는 자여!
그 자리에 앉기 전에
너의 마음 속 깊은 곳에 있는
절름발이를 보아라!
네가 온전하다고 외치는
그 곳에 있는 깊은 어둠을,
그 마음의 불구가 사라지기 전에는
결코 너는
그 식탁에 앉을 수가
없으리라!
영원히……

말씀이 살아서 움직였다

태초太初에 말씀이 있었다
그것은 날선 검처럼
여전히 살아 움직인다

섬들아 내 앞에 잠잠하라
다시스의 배들이 돌아올 것이다

말은 생명生命이다
그러니 네 혀를 조심해라

빛과 어둠처럼
둘로 갈라진
뱀의 혓바닥이 되지 않도록
네 주둥아리를 조심해라

네 말이 곧 너의 몸이니……

명정暝靜

아무래도 폭풍우가
휘몰아치는 캄캄한 7월의 바다는
아니었던 것 같다

질리도록 끝 모를 바닥으로
끌고 가던 그 놈은
잠시 힘을 잃고 물러나 있다

내가 다다른 곳은
빛의 손길이 닿지 않는
해저海底 150미터

승리를 말하기에는
아직
서툴고 이룬 게 없다
다만
잠깐 숨 돌릴 정도의
안타까운 휴식에
혼곤한 정신이 깨어난다

아주 느리게 느리게
뒤틀고 꿈틀대며 뻘의 갯지렁이처럼
기어갔노라고……

호두

천년天年을 견뎌 온
단단한 고뇌苦惱는
호두껍질 같은 것

누구도 그것을
쉽게 깨뜨릴 수는 없다

다만
영혼을 불꽃처럼
활활 태워야만
다시 태어날 수 있을 뿐

살다*

공중에 있는 상처의
그림자 속에, 살다

누구도 무엇도 위하지 않고 산다는 것
인정받지 못하고
자신만을 위해
산다는 것

그 속에 공간을 지닌, 모든 것과 더불어
또한
언어도 없이

*Paul Celan의 시 STEHEN을 패러디한 것임.

마인쯔*의 시월

시월十月의 길은
마인쯔의 공기 속으로 사라져 갔다
대기는 차갑고 축축했다
희미한 아침 안개 속으로
개를 거느린
민소매 여자가 달려간다
그녀는 곧 안개 속에서 사라졌다
그녀가 사라진 길 위로
쟈스민 향내만
풀풀 진하게 풍겼다
나무 사이로 흔들리는 기억들이
뚝뚝 떨어지며
나의 이름을 부르고 있다
시간들이 천천히 걷기 시작했고,
생각들이 무거워졌다
나무들이 유령처럼
내 옆을 지나가고
나는 안개 속으로 사라진 그녀를 생각했다

마인쯔(Mainz) - 독일의 도시이름

제2부 기억의 그늘

아프리카

거리의 기억들은 꽃망울을 터트리며
물 젖은 포도에서 걸어온다
활기찬 걸음으로 지나가는
많은 사람들
밝고 투명하게 깨지는
7월의 아침
천천히 거슬러오는 에스컬레이터 위로
내려서는 무거운 몸짓들
아프리카의 여명이 내리면
내 꿈은 다시 살아난다

성산 일출봉에 달이 떠오다

물 위에 달빛이 어리고,
하나 가득 따스한 빛이
내 마음 속 바다 위로 퍼져
얼싸 두둥실 달을 띄운다
울부짖는 용두암을 지나
가물거리는 우도를 지나
불 들어온 성산포를 지나, 태평양까지
나의 기원起源은 뜨거움이 아니었어
바로 따스함이었지
서서히 동토凍土를 녹이는
봄 같은 여린 기운으로
꽉 차오르는 충일함에
내 몸은 혼곤昏困해진다

춤

너의 춤은 화려하기만 하다
더 이상 오를 수 없는
하늘 꼭대기에서
어질병에 걸려 숨을 토하더라도
너는 끝없는 춤을
나비의 잔잔한 날개 위에 새긴다
어느 누구의 숨결도
어느 누구의 손길도
원치 않는 사라짐의 환영이 되어
텅 비인 무대 위를
바람에 일렁이듯 출렁인다
누구인가 어둠 속에 웅크린 채
이글거리는 심연의 불꽃을 활활 태우며
온몸을 사르더라도 더 이상,
너의 농밀한 웃음과 춤의 가치는
사라질 수가 없다

흑마

어둠 속에서 나는 보았다
그 검은 갈퀴가
파도처럼 일렁이는 것을, 그것은
검푸른 바다보다도 더 짙게 흩날리고 있었다
내 빈약한 삶을 허공에 띄워
자유를 주고, 사랑에 대한 상상력을
불어넣던 흑마의 전설이여
끝 모를 바다 밑에서
요동치며 헤엄쳐 온 페가수스
이 순간 말도 없이 내 앞에 서 있다
너를 바라보는 것만으로도
너를 상상하는 것만으로도
나의 심장은 용암처럼 끓어올라
북태평양의 태풍이 되어 비를 몰고
폭염에 갈라진 도시의 거리를 돌진한다

줄 맞춰

헛둘 헛둘
……
개미들이 열을 맞춰
방바닥을 행진한다
빵 부스러기를 이고,
밥풀을 등에 지고
욕망의 사다리에 매달린
그들의 줄은 길고도 위태롭다
하지만 뒤 처진 개미는
한 치라도 그 줄에서 이탈할까
종종걸음으로 앞 개미를 쫓아간다
하루가 천년이라도 되는 듯이

시간 그리고 사물들

시간 속에서
허물어지는 사물들은
드러나지 않는
차가움을 간직하고 있다

간헐적으로
고갤 쳐드는
저 어둠 속의 눈빛은
아직도 널 기억하는데

바람이 놀다간
자리에는
아직 여물지 않은
유년의 시간만
그네를 탄 채
흔들린다

저 투명함 속으로

나를 한번만 들어올려 주지 않겠니
우, 우, 우
저 바람 부는
투명한 대기 속으로

두둥실 떠올라
하늘이 되고
땅을 적시는
비가 되고
노을 진 황혼의
알바트로스가 되고
고비사막에 부는
바람이 되어

내 삶을
한 순간 날려버릴 텐데

그 안의 시인

그 안의
시인은 우울하다

유월의 햇살이
유리조각처럼
쏟아져 내리는 수요일 오후

그는 맥도널드 한 귀퉁이에서
혼자 치즈 햄버거를 먹으며
케찹이 묻은 손가락을
게걸스럽게 혓바닥으로 핥는다

풀린 눈동자 사이로
흐르는 Beatles의 yesterday

그 안의 시인은
Starbucks의 coffee는 더욱 아니다

다만 아무도 읽지 않는
글자를 통해 자신을 열어 보이는
이 세상 밖의

외계인일 뿐이니

이월二月이 가네

재빠른 발놀림으로
이월二月이 사라져가네
그 검은 눈동자를 굴리며
노란 눈물을 가득 흰자위에 이고
저 숲으로 사라져가네
내 짧았던 사랑의 흉내도
차마 떨쳐버리지 못하고
고개로 난 길을 따라
사라져가네
음악가들이 하늘의 별과 함께
들어서던 그 길을 따라
나에게 다가들던
수많은 밤들의 기억들이
꽃의 그리움으로 떠오르네
그것이 내 아픔이었음을
아니면 마지막 남은
나의 분신이었음을
길 위로 이월二月의 선율이 흐르고
어느덧 내 세포의 조각들이
눈부시게 부서져 빛을 향해 다가서네
이월二月이 가네, 가네

지하철

지하에서 출구를 찾아 헤매는
울부짖는 용인가요

기억의 그늘

망각의 그림자는
질기게도 나를 따라온다
바람보다도 가벼운 거미줄로
짜여진 기억들은
미로를 지나야만 풀 수 있는 코드로
만들어진 암호이다
아무도 그 코드를 풀 수는 없다
나에게 주어진 열쇠는
강하고도 질긴 박달나무다
열쇠를 그 곳에 집어넣으면
자물통은 여지없이 부서져버린다
여전히 망각은 기억의 그늘을 지나
또다시 나를 따라온다

여의도

물 속을 가르던
투명한 너의 살갗은
가을바람 속에서
은밀히 익어간다
검은 눈동자 또는 포도알
세계의 비밀을 간직한
너의 언어들은
익숙한 몸짓으로
내게 다가와
바람의 말을 전한다

바람 속으로
걸어가는 너

만추晩秋

- 저 불타는 시간 속으로

잠시 나를 버려두고
저 곳으로 들어가 활활 타오른들
무슨 일이 있겠니……
이렇게 붉게 물드는 시간 동안
내가 이렇게 살아 있었는데

내가 이렇게 살아 있었는데

객석

조명이 꺼지고
빛이 사라지면
희미한 암흑 속에
음모가 서려 있다

긴장된 침묵의 강이
엄청난 파도의 힘으로
넘실대며 으르렁거릴 때

홀로 깨인 자는
딱딱한 나무 의자에 기댄 채
차디찬 허공을 주시한다

푸르스름한 조명등에
기어드는 벌레, 벌레

이윽고 암흑의 질감이
질기게 엉기면
서서히 암흑이 입을 연다

연극은 끝났다

막은 내리고
배우는 잠을 자리라

말의 무덤

또는,
그렇게 흘러가다가
어느 곳에서 머무는 것

뜨거운 입술에
무거운 언어言語의 무게를 달고
바람 속에서
머리를 내밀기도 하며
은밀히 속삭이기

그곳에 너의 속살을 삽입할 것

부드러운 꽃뱀의 혓바닥보다도
날카롭게
정오의 중심에 서서
불어오는 태양의 눈빛을
훔쳐볼 것

그리하면 열릴 것이니
지나간 시간의 문이 열리고
어둠 속에서

기어 나오는 자者들이 있을 것이니

그곳에 너의 말을 묻을 것

너에 대한 물음

무한한 가변성의 모습으로
일렁이는 푸른 물결 속에서
너는 떠오르는 배가 되어 내게 다가온다
긴 태양의 순례에 미처 갈증을 태우기도 전에
나의 목마름은 차가운 비를 원한다
온몸을 뚫을 듯이 내리쏟는 비를
장엄한 하늘의 포효와 깊은 밤을 기어드는
폭풍우의 암행
그러한 것이 다가오기를 바란다
언제나 기대와 초조 속에서
비틀대는 썩은 몽상의 빈 쪼가리는
어느새 새들의 비상에 쫓겨
사라져 가는 주라기의 화석이 되었다
짙은 암흑에 매달리는 가냘픈 저녁의 흔들림
나는 지금도 존재에 대한 물음을 여태껏 던져
본 적이 없다

치과에서

손이 내려온다
하나의 손이 아닌 수천 개의 손이
눈부신 빛 아래로 내려선다
나는 죄 없는 환자이다
그들이 나를 가지고 논다 할지라도
나는 하나도 내 자신이 수치스럽게
여겨지지 않으며 부끄러워 하지 않는다
다만 나는 환자일 뿐이다
이제 아무것도 보이지 않는다
누군가 입만 남긴 채
하얀 천으로 얼굴을 덮어버렸다
그리고 그들은 소곤거린다
'이 놈은 굉장한 놈일 거야.
썩은 이빨이 얼마나 아름다운지 알아.'
하! 하! 하!
그렇다. 나는 썩은 이빨의 구원이며 존재이다
너희들이 나를 조롱한다 하여도
나는 숨쉬는 환자일 뿐이다
오늘따라 유난히도
하얀 빛이 눈부시게 쏟아져 들어오고 있다

열망

시선은 과거를 향하고

기억의 투망질은

시간의 멈칫거림과

흑백사진 속에서만 존재할 뿐

기억은 날선 사각형과

부딪히며

곡선을 그리고

세월을 만나

한결 부드러워진다

아직도 거리를 배회하는

거친 기억들이여,

이제 거칠게 내뱉던 숨을 고르고

편안한 잠을 자라

길

사람들은 언제나 가슴 속에
새기는 어둠 속
성城이 있다

낮은 들창을 헤집고 들어서는
빛살의 눈부심만큼이나
하늘을 향해 떠오르는 길이
나즈막이 엎드려 숨을 토한다

태양의 높이에 키를 맞추는
고단한 입술의 무게
물결을 따라
흔들리는 길의 그림자

그 길을 밟고
성城으로 향하는 언덕으로 오르면
하얗게 부서져 신음하는
새벽길이 우리의 발길을 이끈다
그리고 우리는
그 발길에 이끌려 하늘로 오른다

청보리 밭 휘젓고 날아가는
새들의 군무群舞
바다를 밟고 일제히 나르는
흰나비들의 갈채가 한 길로 갈라선다

회촌回村*에서

세상의 모든 바람들은 이곳으로 돌아온다
양안치 고개를 넘어
매지리 들판을 지나
떠났던 새들도 날개를 쉬기 위해
이곳으로 돌아온다

이곳을 떠났던 사내의 마음도
이곳으로 돌아온다
생生의 모든 걸 남겨 두고
그는 빈손으로 돌아온다

이곳은 모든 곳이 돌아오는 곳
그래서 회촌回村이었던가
사랑도
미움도
그리움도
다 돌아오라
그냥 본래 모습 그대로
그렇게 돌아오라

회촌*: 토지문화관이 있는 곳의 지명

고독이라는 이름의 섬

그 시간 그 검은 눈빛으로
서서히 갉아 먹히는 몸짓인걸

손을 내밀어 대기를 휘저으면
'후'하고 사라지고

또 다른 시각
눈을 뜨는 은밀한 놈인걸

반복의 의미를 뇌리에 떠올리고
살을 떠올리고 밤을 그리워하지만
언제나 떠도는 섬인걸
내 곁을 떠도는

제3부 권력

검은 개의 병동

우연의 숲에서
잃어버렸던 낯선 이름을
검은 개에게 들켰다

땅에 내렸던
굶주린 새들은 어느 곳을 향해
푸드득, 푸드득

커튼이 내려진다
어두운 기억 속을
눈먼 아픔으로
흰 손을 흔들며 헤맨다

떨어진다
병동의 딱딱한 침대 위에
가식된 웃음과 미소들

고개 쳐든 나뭇가지 아래
조락한 정오의 시간

11월의 나무

가끔씩 퇴근길의 지하철 계단에서
기억의 화살을 되돌리면
투명한 물로 가득 찬 나무가 된다
손은 구름처럼 가벼워져서
하늘을 날고 그러다가
나의 모든 신경이
엽맥葉脈처럼 맑고 깨끗해지며
프라하의 나무가 된다
자작나무는 나의 친구다
타오르는 자작나무의 불꽃 속에서
가끔은 그 깊은 심지心地를
마음의 눈으로 꿰뚫어 볼 수 있는
내가 아닌 나무가 된다
모든 것을 순식간에 바꿔버리는
프라하의 나무가 된다

꽃들은 어디에

1
꽃들은 모두 어디로 갔을까

휘몰아치는
황사바람 속으로
눈물을 흘리며
한 여자가 걸어가고 있다

지하철 5호선이 멈춘
까치산 역에서
에스컬레이터는 끝없이 올라가고

부르르 떠는 플랭카드와
하얀 휴지, 그리고
찌그러진 깡통

2
꽃들은 모두 어디에 숨었을까

어둠이 깔린
유리창 밖에 서서

손을 흔드는 목련나무
한껏 부풀어올라
하늘 위로 손을 내밀고

길게 늘어진 그림자 위로
굶주린 짐승이 지나가고
기와 지붕에서 놀던 바람이
지나가다 잎을 한 번 툭 건드리고
또다시 지나가다
또 건드리고

꽃들은 어디로 갔을까

권력權力

언제나 떠돌기만 하는
그래서 여전히 한곳에
정착하지 못하는 권력의 아이들

저 멀리서 손짓하는
무언의 목표들을 향해
달음질쳐 가면
그것은 형체도 없이 사라져 버리고
다만 남아있는 것은 바그다드의 폐허와
대기를 감도는 사스SARS의 공포

여전히 나의 기억 속에는
안양천 뚝방 동네 사람들의
우울과 분노가 떠돌고 있다

서서히 떠올랐다 가라앉는
욕망의 기호들
바람의 자식들처럼 허망한
그것들은 어둠 속에서 눈을 굴리는
쥐새끼들처럼
우리를 조금씩 갉아먹어 간다

어둠 속에 잠기는 이름들

어둠 속에 잠기는 사람들
그리고 많은 이름들
매우 낯설고
손에 잡을 수 없을 것만 같다

한없이 멀어져 가는
사람들
한강을 사이에 두고
외로이 떠있는 불빛들

그 누구도
사랑할 수 없는 마음
나에게 다가왔다 체취만
남겨 놓고 사라져 가는 사람들
그리고 어둠 속에
잠기는 이름들

무거움이여 사라져라

가만히 들여다본다
그 깊은 어둠을
언제부터 나를 따라왔는지 모를
그 깊고 깊은
암흑의 질감들을

세월이 흐를수록
그것들은 떼어 낼 수 없는
껍질이 되어
나를 온통 채운다

빛이 사라진 거리,
계절 감각을 잊어버린
모기들, 시대의 우울이
이렇게 우리를 점령한다

하지만, 그들은
여전히 깔깔거리며
햇빛 속을 활보하며
애써 잊으려 한다

지금 이 순간
내 안은
많은 것들이 깨져 있다
좀 더 가볍게 살 수 있다면……

의식

어둠은 사람들을 먹는다
푸른 불빛의 여운마저
사라져 버린 긴 동굴의 끝에서
사람들의 검은 그림자를
조금씩 먹어 버린다

시간이 굴러 버린 철교에서
멈춰서 버린 바퀴의 울림
그리고 나는 이미 물 속을 흐르는 물이었다
희미한 물 속에서
쉼 없이 자맥질하는 새들처럼
나는 어둠 속에서
바람을 향해 고개를 끄덕이고 있었다

어디인가를 향해
떠나가야 한다는 의무감과
누군가를 위해 고개를 돌려야 한다는
나의 여린 의식은
화려하게 내려 꽂히는 빛살 속에서
투명한 피부를 드러내고
웃고 있었다
그 어느 때일까
다가설지 모르는 그 어둠의 시간을 위해

그 놈

어둠 속에 기거하는
그 음침한 놈을 거두어
칠월에 내리는 빗속에 던져버릴 때면
나는 가끔 다른 생각을 하곤 한다

비,
비,
비,

껍질처럼 단단한 상상력 속에
문드러진 꽃잎을,
담배연기 속에

까맣게 타들어 가는

생生의 난파를

4월 어느 날의 꿈

아주 거친 꿈을 꾸었다
검은 밤 속을 달려온
흰말이 내 앞에 서있었다
그러나 그건 페가수스는 아니었다
그 말은 오래도록 내 주위를 맴돌았고,
나는 무심코 그냥 가주기를 바랬다
결국, 어떤 힘에 이끌려
나는 뛰어올라 그 말을 잡아탔다
말은 거칠게 울부짖었고
하늘의 별들은 숨을 죽이고
우릴 쳐다보고 있었다
시간이 흘렀고, 또 시간이 흘렀다
하지만 그 시간만큼 나는 즐겁지 않았다
등 뒤로 땀이 흐르고,
무언가가 빠르게 내 안에서 빠져나갔다

그 길고 긴 시간이 지나고
내게 남겨진 것은
씁쓸한 욕망의 찌꺼기와
나를 버리고 달아난 시간에 대한
아쉬움뿐이었다

나를 버리고 달아난 시간들,
무엇이 날 이토록 지치게 만든 것일까?
내 육신이 지치고, 정신도 무척 지쳐있다

어둠은 어둠을 부르고,
밤은 밤을 부르고,
어둠 속에 몸을 담그면, 그 자마저 검게 되나니

어둠을 몰아 낼 따스한 빛이 그립다
밝은 빛이
……

배胚

얼마나 많은 상처가 흐르는가
하얗게 웃는 네 얼굴 뒤에
그늘 속에 숨은 그 검은 놈을
나는 이미 너의 마음을 읽었는걸

우리는 같은 배胚에서 태어나
조금은 비슷한 길을 걸어왔지
처음에는 내게 모든 걸 베푸는 듯
부드러운 미소를 보냈지
껍질 같은 예술이라는 허명虛名 아래
하지만
네가 먼저 걸어간 길에서
나는 너의 흔적과
악취 나는 과거의 냄새를 맡으며
부르르 몸을 떨었지
언젠가는 나를 향해
돌을 던질 거라는 걸
그건 아스피린을 먹는 거보다 덜 아팠지
누가 알겠니
그 상처의 흔적을
저 도도하게 떠오는 그림자들이 보이니

어둠 속에서
춤을 추는 광기 어린 눈빛을

주소

우리는 낮에 떠돌다가
주소가 있는
자리로 돌아온다
주소는 방랑을
멈추게 하는 처소이다
격한 감정을 잠재우고
기막힌 광기의 춤도
차갑게 가라앉히는
듣기 좋은 노래이다

그렇지만 주소가 없는 이도 있다
그 곳에 닿을 수 없는 사람도 있다

비둘기 똥이 갈겨진 공원 벤치 위,
라면 봉지와 폐비닐이 나뒹구는 다리 밑,
행인들의 침으로 더럽혀진 지하철 입구 한 켠
고양이들의 놀이터가 된 골목 귀퉁이
가끔 우리는
저 낮은 곳에 몸을 눕히는
가엾은 사람들의 하루를
기억할 필요가 있다

그렇게
네가 무심코 던진 눈길 속에
그들의 주소는 그 어디에도 없다

여의도 둔치를 헤매고
컴퓨터 속을 분해하고
내 머리 속의 기억들을 산산이 부수며,
인터넷을 떠돌지만
너의 주소는
여기에 있지 않다

다만 그렇게
있을 뿐이니…그대의 한숨 속에, 눈물 속에…

바다의 화석化石

1
살아 있는 인간의 숨결마저
돌로 만들어 버리는 이브의 바다
그 바다로부터 나는 기어 나왔다
마음 한 구석의 투명함과
물방울로 뛰어오르는 빛살의 숨결

2
아! 숨이 막혀 온다
발바닥을 간지럽히고 재빨리 달아나던
그 긴 동굴의 어두움
그 속을 헤엄쳐 달아나던
내 슬픈 영혼은 어디에 있는 것일까
빛 속을 떠다니던 무리들은
부표처럼 바람에 흔들리는데

3
그들의 이름은
탕자蕩子들의 기억 속을 떠다니며 흔들리던

먼지의 역사였다
먼 시간 속으로 잠드는 흐릿한 형상으로
너희들은 그렇게 다가왔다
층층이 이루어진 막을 뚫고 일어서는
수많은 말의 의미와 검은 강물의 그림자
그리고, 잡을 수 없는 존재의 흔들림

4
그 언제인가부터
바다는 사람의 인기척을
두려워하게 되었다
검게 그을린 근육과
뽀드득, 환한 흰 이빨의 오만을……
이름없는 자들의 반항, 그리고,
바다를 뒤흔든 유조선의 침몰에
바다표범의 평온한 일상은
흩어져 나간 파편이 되었다

회상回想

내가 손을 내밀어 밀었을 때
희미한 공간은 소리도 없이
묵직하게 푹 꺼지며 뒤로 물러선다

허공은 가득한 나비의 춤에 겨워
숨을 몰아쉬지만
가냘픈 손은 끊임없이
검은 물 속에 잠겨 자맥질한다

늘 감도는 머리의 차가운 물 기운
빗속에 빠져드는 생각처럼
나의 팔은 시간 속을 두둥실 떠가는
돌이다

다가설 때마다
거대해지는 꿈속의 석벽石壁은
시계 소리에 맞춰
짧은 의식을 밟고 춤을 춘다

긴 흐름 속에 멈추는 돌진의 회상回想

나, 여기에 서있는 것일까
흔들리는 바람의 소용돌이 속에
나의 흰 손이 떠오르며
나비를 부른다

주위에 둘러선 이름으로

K 치과에서

저 떠오는
불안의 그림자를
낡은 유리문에 비추어 볼까

어디선가
내 발자국 소리를
긴 복도의 마지막 귀퉁이에서
듣고 있을
차가운 귀기울임

한 발자국, 한 발자국
옮길 때마다
울려 퍼지는
계단의 엄청난 침묵의 반란은
또다시 유리문을 떠밀고

떠밀려 나오는
짙은 주름살의 그 사내는
까닭 모를
어색한 표정으로
갈색 유리문 앞에 서있다

내 혼의 그믐

그 짐승은 빛이 들지 않는 그늘에서
여린 숨을 쉬며 자고 있다.
어느 날 먼발치서 물끄러미 그 짐승을
바라보던 나는
시침이 움직이지 않는 시계를 보았다, 그때
투명한 유리알을 뚫고 획획 소리를 내며
고였던 시간들이 고름처럼 터져 나왔다.
그리고 많은 날들이 흘러갔다.
모래가 바람에 날려
한 입 가득 사각거릴 때면
오후의 열기만큼 축 늘어진 기억은
오목교 부근의 사장沙場을 헤맸다.
거친 역류를 헤엄쳐 올라가던
무수한 시간의 방울들,
안양천을 떠내려간 고무신은
다시 돌아올 줄 몰랐다.
밤을 뒤쫓아 옆집 개와 사랑을 나누던
다롱이는
다음 날 아침이면 돌아와 아무 일도
없었던 것처럼
담장 밑 개집에서 오수를 즐겼다.

그런데 내가
늦게 일어나는 날이면
그 짐승은 살짝 열린 문틈으로 들어와
내 정신의 그믐을 핥고 사라졌다
여린 숨을 쉬며

방房

나는 가끔씩 꿈을 꾸지,
내가 거처하던 이상한 방을,
10년이라는 짧지 않은 시간을
환한 대낮에도 빛과 어둠이
반반씩 몸을 섞어서
바닥을 기어다니는 방에서 보냈지,
뜨거운 거리의 소음과 아이들의 웃음소리는
이곳에 들어오면 차가워지고
침묵의 물살이 되곤 했지
덩그러니 놓여있는 책상과 릴케 시집과
카프카의 변신이
꽂힌 서가에서는 수년간 쌓인 먼지가
창문으로 바람이 불어올 때마다 풀풀 날리며
내 콧속으로 들어왔어
방안에 드러누워 내다본 하늘에는
마르린 먼로를 떠올리게 하는 라일락이
옆집 담장 너머로 흐드러지게 피어있었지
그 라일락 꽃 속에서
내 운명의 얼굴을 보았고 많은 별들이
어둔 하늘을 가르며 무심하게 흘러갔지
점점 엷어져만 가는 내 영혼의 투명함과

기분 나쁘게 쉬익 사라져 가는
지인知人들의 모습, 핸드폰을 목에 걸고
낄낄거리며
지나가던 아이들, 지금은 사라져 버린 방,
그 옛날의

새들은 꿈을 꾼다

축축히 젖어 드는 시간의 잔해 속에
무겁게 가라앉는 외투 깃의 세월
빈 공간을 찾아 떠도는
가벼운 솜털처럼
너는 두둥실 떠올라 물방울이 된다
꽃 속에 타오르는 눈부신 몰락의 소음
풀섶을 헤집고 발길을 옮길 때마다
채이는 시간의 무덤
새들은 날개를 접고
젖어 드는 빗속을 걸어가는
사내의 차가운 어깨를
눈이 시리도록 바라본다
천년이 되기 위하여
너의 얼굴을 바라보던
그 많은 주름진 융단의 빛깔과
무수히 쓰러져 간 들녘의 이름들
몸을 일으켜 손을 내밀며
하늘을 향해 부르짖는 새들의 소음은
쓸쓸히 발길에 채여
바다의 그늘로 잠긴다
시간은 아직도 이른 것일까

봄이 잠들기에는 너무나도 이른 시각
수풀 속 둥지 안에 갇힌
고단한 날개만이
날의 옴의 기쁨을 새기고 있을 뿐
축축히 젖어 드는 빨간 눈알 속에
이글이글 타오르는 불덩이가 일렁인다

제4부 다윗의 기도

HP600k

너는 오늘도 나를 시험한다
여전히 너의 응답은
밤의 적막을 깨며 둔탁한 괴물의 노래로
되돌아온다
A4 용지를 향해 흩뿌리던 검은 잉크는
채 마르기도 전에 나의 피가 된다

너는 누구를 위해 존재하는가
인간의 편리를 위해 만들어졌던 너는
수많은 카트리지를 만들어내며
지구의 숲과 강물과 아기들의 여린 발을
더럽힌다
그래도 나는 생존을 위해
값비싼 돈을 지불하며 너를 소비한다

그것이 정녕 인간을 위한 축복이었던가!

소비가 축복이 되는 세상!
돈이 모든 것을 삼키고 배설하는 세상
인간마저 다국적 기업의 똥이 되어 배설된다
그 역겨움에 아르테미스의 노래는
독이 되어 나를 감싼다

그리고 이미 너의 강한 독배에 취해
무장해제 당했다
나의 인격과 나의 존엄과 나의 사랑을……

바람과 햇빛 그리고 물방울

어디서 오시는
빛줄기입니까

그 따스하고 한없이 맑은
웃음의 부드러움은
어두운 골방에서도
항상 함께 하시며

모습을 보이지 않는
당신의 그 숨결은 어디에 머무시는
바람입니까

가볍게 나무를 흔드는
당신의 손길에서
사월의 따뜻한 햇빛을 느끼고
하늘로 솟구치는
분수대의 물방울을 떠올립니다

당신이 있었기에
나는 이곳에 있습니다

당신의 음성이
이 작은 방에 들렸기에
나는 지금 이 순간
숨을 쉴 수가 있습니다

당신의 음성이 들리는 그 시간
내 옆에는
승리자들의 개선가가 들리고
적들의 노래 소리는 어느새
점점 작아집니다

섬

내 안에는 섬이 있다
내 의식의 강물 속에서 끊임없이 흐르는 섬
그 섬에는
무심한 듯 한동안 나를 놓아주었다가
어느 한순간 억센 손아귀로
목덜미를 움켜잡는 그 놈이 살고 있다
그 섬은 낮 동안에는 보이지 않다가
해가 지고 핏빛 같은 노을이 지면
어둠의 무리들을 거느리고 눈앞에 모습을
드러낸다
회갈색 나무껍질의 메콰세타이어가 무성한
다가갈 수 없는 섬
깃털 같은 가벼움과 먼지 같은 미세함으로
나의 피부를 뚫고 들어와
여린 나의 뇌세포를 건드리던 섬
나는 그 섬에서 무엇을 보았던 것일까
그리고 내가 찾으려고 했던 것은 무엇일까

꿈의 원형原形

내 고통에 남아있는
그 깊게 패인 흔적을 지우지 못하고
벌레에 침윤 당한 나뭇잎처럼
아직도 나는 상처의 쓰라림을 기억하고 있다
나의 발을 씻던 유년의 방
어느새 많은 시간과 많은 사람들이
지하철의 요란한 소음처럼 공기를 뚫고,
내 곁을 지나갔다
가끔은 나를 흔들고
가끔은 너의 마음을 헤집고
바람이 지나간다
그리고 가끔은
나를 깨우던 연한 녹색의 무리들이
나를 향해 그 독한 화살을 날린다

시인의 죽음

그의 이름은 세인들의 입에 오르내리는
유명한 시인의 껍질이었습니다
모두가 그를 우러러보았고
어둠 속에서도 그의 이빨은 환히 빛났습니다
하지만 사람들은 그의 내면 속에
머무는 따스한 고동소리를 모릅니다
그가 걸을 때마다 울려오는
그 맑고 깨끗한 소리를
사람들은 느낄 수가 없습니다
왜 그렇게 되었을까요?
그것은 아무도 모릅니다
태양이 중천에 떠올랐을 때도

소문所聞

답답함, 머뭇거림,
알면서도 속아 주기,
그러한
말들이 걸어간다
황폐한 이 도시의 거리를
악취를 풍기며……

시궁창 같은 구질구질함과
냄새나는 역겨운 음모,
구더기가 시글시글 거리고
투명한 빛이 '쨍' 하고 깨지는
한적한 오후의 변소처럼

이 도시의 말들은 그렇게
언제나 후미진 곳에 웅크린 채
자신들이 등장할
시간을 기다리고 있다

바람이 잠든 어느 오후
암흑의 말들이
내 방을 떠다니기 시작했다

까르프에서

– 욕망의 덩어리여 영원하라!

숨을 쉬다 보면
이게 왠 일일까?

내 안에 잠자고 있던
거대한 욕망의 찌꺼기들이
스멀스멀 기어나와
대기를 뒤덮는다

주라기 공룡의 위장처럼
툭 터진 광활한 이곳에서
나는 미끈거리는 자본의 곱창에 빠져
허우적거린다

물건을 만질 때마다 느껴지는
오르가즘의 절정이
내 감각을 압도하고
맥박이 빨라져
그만 숨이 막혀
자지러질 것만 같다

그것은 섹스의 욕망과 다르지 않다
삼키면 사라져 버리는 것!
나는 비로소
이곳에서
내 존재의 이유를 발견한다
욕망의 쓰레기 더미에서

빛이여 오소서

반딧불
횃불, 촛불
해, 등불, 달
형광등, 호롱불, 연탄불

저 안에 나도 있을까?
나는 어떤 빛일까?

나는 누군가의 빛이 되고 싶다
네 안의 깊은 어둠을 몰아낼
작은 빛이 되고 싶다

너도 내게 빛이 되어다오
내 안의 어둠을 몰아낼
소망의 빛이 되어다오

다윗의 기도

- 아둘람 굴에서

나의 산성이시여!
어떠한 어려운 상황 속에 있을지라도
이겨낼 수 있는 힘을 주옵시고,
환란당한 자들의 상한 마음을
치유하여 주사
독수리같이 새롭게 하옵소서

빚진 모든 자들에게는
그들의 물질의 부족함을 채워주사
이 땅을 살아가는 동안
쇠하지 않게 하여 주옵시고

마음이 원통한 자들의
부르짖음을 들으시고
그들의 마음에 맺힌 것들이
눈 녹듯 사라지게 하여 주사
눈물이 변하여
기쁨이 되게 하여 주옵소서

비

어둠이 내린 도시를 배회하는
저 비는
아무도 쳐다보지 않는 사내이다

양철 지붕 위에 떨어지는
굵은 빗줄기

고개를 들어 입을 벌리는
이 시대의 아이들은
혼탁한 담배연기를 허공에
내뿜는 어른처럼
영등포 뒷골목을 배회하다
빗속에서 옷을 벗는다

황홀한 도취와 나른한 삶의 나태

그러한 날들이 언제 사라질지도 모른 채
거리를 헤매는 아이들은
이 도시에 내리는
차가운 비다

둑과 강

개나리, 진달래
장다리꽃
차마 잊을 수 없는 이름들

작은 꼬마 아이가 걸어온다
환하게 피어난 숲을 지나
내게 다가온다

나는
이곳에 서있는 사내
그 꼬마 아이를 물끄러미 바라보는
낯선 사람

그 아이가 내게 인사를 하며
환하게 웃으며 하얀 이를 드러낸다

길고도 긴 동굴 속에서 눈이 부시게
쏟아져 들어오는 빛을 보며
하얀 이빨의 의미를 생각한다

생명의 시작과 삶에 대한 본능적 욕구

그것이 지닌 본질은
꽃, 꽃의 형상

나는 알고 있으니
그 꼬마가 타고 온 말의 부드러운 갈기를,
아흔 아홉 구비의 골짜기를 지나
달려온 그 세월의
참을 수 없는 존재의 가벼움*을

* 밀란 쿤데라의 책 제목 인용

벚꽃 아래 풍경

파란 하늘에
눈처럼 매달린
저 꽃을 보렴.

저곳이 바로 천국이 아닐까

한번은 저곳에 오르고자
노력했던 사람들이
있지 않았니, 그런데
왜 너희들은
그늘진 울타리 밑에서
쪼그린 채 울고 있니

좀 더 너의 마음을
활짝 열고 하늘을 쳐다보렴
그러면 세상의 모든 일들이
다르게 보일 테니깐, 그리고
너의 삶이 무엇인지
생각해 보렴
그리고 나아가렴 주저하지 말고
강하고 담대하게 삶의 전쟁터로

페달을 밟아라

자전거를 타고
나는 날아가네

내 모든 소망과 희망을
바퀴에 매달고
저 거리를 질주한다네

그 알 수 없는
신의 은총으로
힘차게 페달을 밟으면
등 뒤로는
바람이 즐겁게 따라온다네

당신의 그 크신 뜻으로
나를 사랑하시는
그 크신 힘으로
모든 이에게 햇빛을 내리시고
모든 이에게 비를 내리소서

당신의 축복이
어느 때인가

내게 내림을 느낍니다

그것은
조용히 흐르는 냇물과 같이
거세지도 빠르지도 않게
내 마음을 온통 채웁니다

내가 가는 길이 험난하고 멀지라도
당신과 함께 있으면
저는 정말 아무것도 바랄게
없습니다

알의 회상回想

무엇인가를 향해 끊임없이 걷고 있었다. 어둠 속에서 희미한 빛을 발하는 그것은 수풀 속에서 푸드득거리는 새의 깃털처럼 하얗게 빛나고 있었다. 그러나 시간을 알 수 없었다. 이 곳이 어둠침침한 지하실 바닥인지 아니면 두터운 검은 커튼이 쳐진 나무 밑인지 알 수가 없었다. 하지만 지금이 환한 대낮이 아니라는 확신만을 가질 수 있었다. 사방에서는 아무런 소리도 나지 않았으며 모두 조용히 숨죽여 새근새근 잠들어 있었다. 모든 것은 조용히 죽어 있는 듯했다. 물이 쓸려 나간 텅 빈 바다 위의 침묵, 하늘에서의 똑같은 침묵, 바다 밑 동굴의 침묵. 그런 침묵이 주위를 감싸고 있었다. 어느덧 매우 가까운 거리에 근접하여 그 희미한 빛을 발하는 물체에 손을 대려 살며시 손을 들었을 때 요란한 소리와 함께 눈을 감고 잠을 자던 새들이 일제히 날아오르기 시작했다. 거대한 새가 몸을 일으키듯이 엄청난 힘으로 온통 하늘을 가득 메웠다. 이미 빛이란 빛은 모두 사라진 지 오래된 후였지만 그것은 정말로 끔찍한 검은 색의 둔중한 비상이었다. 하늘에서는 무수한 깃털이 눈처럼 내렸다. 그리고 어떤 움직임이 느껴졌다. 그것은 서두르지도 않았으며 매우 조심스럽게 다가왔다. 하지만 손을 내밀었던 결과는 너무 비참한 것이었다. 그 누구도 따스한 눈길을 건네지 않았으며 푸른 숲을 향해 시간의 추를 던지는 난장이도 없었다. 몇 십 년 묵은 묵직한 먼지의 층만이 더욱 두텁게 쌓여 갈 뿐이었다.

시간의 늪

시간의 늪에 빠져 허우적거리는 그 자를
나는 보았다 삶에 지쳐 몸을 가누지 못하는
그 놈은 세상의 모든 것을 향해 진한 독설을
내뱉으면서 서서히 늪 속으로 가라앉고 있었다
나는 말없이 늪 주위를 서성이다가
집으로 돌아왔다
그 자는 아마도 지금쯤 늪에 잠긴 채
머리만 내밀고 있을지도 모른다
아니 어쩌면 숨을 멈추었을지도 모른다
우리는 언제나 자신이 그려 논 원안에서
빙글빙글 돌다가
헤어 나올 수 없는 시간의 늪으로 빠진다
아침 여덟 시 지하철에서 한 여자가
긴 머리로 얼굴을 가린 채 졸고 있다
늘 접하기 쉬운 풍경이었지만 그 날만은 모든 것
이 심상치가 않았다
여의나루 역에서 술에 취한 듯
비틀거리며 한 노인이 자동문이 열리자
뛰어 들어왔다 그의 눈은 빨갛게 이글거렸고
노인은 세상에 굶주린 승냥이처럼 먹이를 찾았다
네가 귀신이야 왜 얼굴을 가리고 있는 거야

여자는 기겁을 하고 문이 열리자 뛰쳐나갔다
그 노인의 말은 내 귀를 뚫고 들어와 나를 어둔
창밖으로 내던졌다
혼이 없는 시대, 나는 어쩌면 혼이 없는 시대에
살고 있는지도 모른다
혼이 없는 시대에

멍든 봄날

그 놈은 나를 바짝 뒤쫓아 왔다. 내가 지나온 거리와 길게 늘어진 시간의 추를 헤아리며 내 뒤를 따랐다. 나는 무척 빠르게 발을 놀렸지만 언제나 그의 지척에서 멀어질 수가 없었다. 그건 마치 마법에 걸린 듯 했으며, 내가 지녔던 모든 것들이 그의 손아귀에서 움직이고 있는 듯한 착각을 불러일으켰다. 나는 현재의 시간들이 화려한 봄날의 연속이길 바랬지만 사람들은 귓속말로 내게 소곤거렸다. 봄은 이제 다 지나갔어.

벚꽃이 떨어지고, 목련이 고개를 떨군 채 흙비에 울고 있었다. 아침에 눈을 뜰 때마다 들려오던 새소리마저 들리지 않은 한밤중에 비디오에서는 프랑스와 오종 감독의 '8명의 여인들' 중 까뜨린 드뇌브가 고운 목소리로 노래를 애절하게 부르고 있었다. 등에 칼이 꽂힌 채 쓰러져 있는 남자 주인의 죽음에 대해 8명의 여인들은 자신들의 결백을 주장하고 있었다. 삶은 언제나 그런 거니깐 어느 곳으로 흘러가는지 모르게 우리의 의지하고는 상관없이 흘러가니깐. 살인은 언제든지 일어날 수가 있다. 봄이 사망선고를 내리기도 전에 우리들 곁에서 사라진 것처럼. 나는 그 놈의 배후 인물로 네이몽구에서 불어온 누런 바람을 지목했다. 그러나 사람들은 나의 의혹을 마땅치 않게 여겼다. 그건 다만 의혹일 뿐이야…… 의혹이라구. 하지만 나는 내 기분을 망쳐 논 그 W 누런 바람을 미치도록 증오했다. 조만간 해마다 우리를 찾아오는 봄은 그 놈에게 우리에게 선사

했던 자리를 내주고 말 것이다.
……

황사에게 키스를